GALERIE UNIVERSELLE.

CATHERINE DE MÉDICIS,
FEMME DE HENRI II.

Après Frédégonde & Brunehaut, notre Histoire n'a point de Princesse, de laquelle on ait dit tant de mal que de la fameuse Catherine de Médicis, épouse de Henri II, & mère de trois Rois, sous le nom desquels elle régna successivement, depuis le mois de Juin 1559 jusqu'en 1589. Je n'entreprendrai pas ici de donner des mémoires complets sur sa vie : je ne pourrois le faire sans écrire l'histoire entière de trois règnes, fans parler de ceux de François Ier & de Henri II. Ce feroit excéder les juftes bornes & le plan de cet Ouvrage. Je me contenterai donc de raffembler ici les traits les plus intéreffans de ce grand tableau, ceux que l'Hiftoire générale a le plus négligés, & qui moins connus que les autres, n'en font pas moins dignes de la curiofité d'un Lecteur judicieux. Catherine de Médicis, héritière des Comtés de Boulogne & d'Auvergne, & qui prétendit même à la couronne de Portugal, étoit fille unique de Laurent de Médicis, Duc d'Urbin, & de Madeleine de la Tour, dite de Boulogne, & naquit à Florence le 13 Avril 1519, treize jours après Henri II. Elle fut naturalifée Françoife au mois de Mai fuivant.

L'origine des Comtes de Boulogne, l'une des plus anciennes Maifons de l'Europe, remonte jufqu'au onzième fiècle, & va fe perdre dans la nuit des temps. Quelques Généalogiftes la font remonter jufqu'aux premiers temps de la monarchie Françoife, & aux anciens Foreftiers de Flandre. Mais fans ce luftre imaginaire, il fuffit de lui trouver des alliances avec la Maifon de France, dès le temps de Philippe Augufte, & fous le règne de S. Louis. Quant à la

Maison de Médici ou Médicis, origine de Florence, sans remonter au règne de Charlemagne, ni au géant Mugello, tué par Everard de Médicis, & duquel la masse armée de six boules de fer, a donné, dit-on, l'origine aux armoiries de Médicis ; on trouve, dès l'an 1330, un Jacques de Médicis, Chevalier Florentin, fait prisonnier par les Luquois, au siége de Montecatini. En 1341, Gaultier, Duc d'Athènes, fit couper la tête à Jean de Médicis, dont la Maison se souleva contre le Duc, & le chassa.

On peut consulter Villani & Aretin, & l'Histoire de la Maison de Médicis, du Médecin Jean Nector, publiée en 1564. L'éclat que donnèrent à leur Maison le Pontificat de Léon X, & celui de Clément VII, la mirent au rang des Maisons Souveraines. Catherine étoit, pour ainsi dire, née dans le sein des Arts. Depuis la conquête de Constantinople par Mahomet II, les Sciences en proie à la barbarie des Ottomans, n'avoient point trouvé d'asyle plus assuré ni plus honorable que la Cour de Cosme de Médicis, dit le Grand, de Laurent Ier, de Julien son frère, surnommé le Magnifique, & de Laurent II, Duc d'Urbin, son père.

De quelque côté que la Princesse se tournât, elle

ne voyoit dans les Princes mêmes de fa Maifon que des beaux efprits, ou des Mécénas. C'étoit aux Médicis que la Philofophie, l'Hiftoire, la Poéfie & les Belles-Lettres devoient leur confervation & leur retour d'Orient en Italie. La Peinture, l'Architecture, la Sculpture, ne leur avoient pas moins d'obligation. Il ne faut donc pas être furpris fi les graces & le génie des Arts & du goût perfectionnèrent les talens que la nature lui avoit donnés.

Deux Modernes ont parfaitement bien réuffi à faire le portrait de cette Princeffe, l'un en profe, & l'autre en vers. Mais comme le premier eft entré dans un plus grand détail, & que ce qu'il dit eft plus convenable à mon deffein, je donnerai ici la préférence à l'Hiftorien fur le Poëte.

« Catherine de Médicis, dit Varillas, dans ce morceau étudié, avoit la taille admirable, & la majefté de fon vifage n'en diminuoit pas la douceur. Elle furpaffoit les autres Dames de fon fiècle par la blancheur du teint, & par la vivacité de fes yeux; & quoiqu'elle changeât fouvent d'habits, toutes fortes de parures lui fieoient fi bien, qu'on ne pouvoit difcerner celle qui lui étoit la plus avantageufe. Le beau tour de fes jambes lui faifoit prendre plaisir à porter des bas de soie bien tirés (desquels l'usage s'étoit introduit de son temps); & ce fut pour les montrer, qu'elle inventa la mode de mettre une jambe sur le pommeau de la selle en allant sur des haquenées, (au lieu d'aller, comme on disoit alors, à la planchette.) Elle inventoit de temps en temps des modes également galantes & superbes; & comme on ne vit jamais un si grand nombre de belles Dames qu'elle en eut à sa suite, on ne les vit jamais plus brillantes. Il sembloit que la nature eût pris plaisir à lui donner toutes les vertus & tous les vices de ses ancêtres. Elle avoit l'attachement de Cosme le vieux, pour les richesses; mais elle ne les ménageoit pas mieux que Pierre Ier, fils de Cosme, son trisaïeul. Elle étoit magnifique, au-delà de ce qu'on avoit vu dans les siècles précédens, comme Laurent, son bisayeul, & n'étoit pas moins rafinée en politique; mais elle n'avoit ni la droiture de ses intentions, ni sa libéralité pour les beaux Esprits. Son ambition ne cédoit point à celle de Pierre II son aïeul; & pour régner, elle ne mettoit pas plus de différence que lui, entre les moyens légitimes & ceux qui sont défendus. Les divertissemens avoient des charmes pour elle; mais elle ne les aimoit, à l'exemple de Laurent fon père, qu'à proportion de la dépenfe dont ils étoient accompagnés ».

C'eft ainfi que Varillas parle dans les premières pages de l'Hiftoire de Charles IX. Voici ce qu'il ajoute dans la Préface, en forme d'Avertiffement du même Ouvrage. Il paroît qu'il a voulu copier Brantôme ; mais ni l'Original ni le Copifte ne font exacts dans le fait. C'eft fur quoi il eft à propos de prévenir le Lecteur.

« Elle ne cédoit, dit l'Auteur, à aucune autre Dame pour la vivacité & la folidité de l'efprit, non pas même à la Reine Marguerite, fœur de François Ier. Elle étoit charmée de foixante & douze nouvelles de cette Princeffe, & elle en avoit compofé cent, par émulation. Cependant lorfqu'elle confronta fon Ouvrage à celui de Marguerite, elle le trouva tellement inférieur qu'elle le fupprima, comme fi d'un côté elle n'eût pu fe réfoudre à lui céder l'avantage, & fi de l'autre, elle eût fait confcience de le difputer. Il eft pourtant vrai que la Reine de Navarre ne lui étoit pas préférable en toute forte de ftyle ; & que fa négociation en Efpagne durant la prifon du Roi fon frère, qui eft la feule dont elle s'eft mêlée, n'obfcurcit pas la moindre de celles de Catherine, quoiqu'elles foient en très-grand nombre. Ainfi, on expliquera peut-être nettement le caractère de ces deux Princeffes, fi l'on dit que Catherine dreffoit mieux une dépêche fur les affaires d'Etat, & que Marguerite dictoit de meilleure grace un Conte fait à plaifir ». Je ne fais pourquoi Varillas, qui avoit fous les yeux le portrait qu'a fait Brantôme, n'a rien dit des beautés de la gorge, de l'embonpoint, & de la belle main de Catherine. C'étoit, dit l'Abbé de Brantôme, la plus belle main qu'il eut jamais vue. Il ajoute, « les Poëtes jadis ont loué l'aurore pour avoir de belles mains, & de beaux doigts; mais je penfe que la Reine l'eût effacée en tout cela : & fi là toujours gardée, & maintenue telle, jufqu'à fa mort. Le Roi, fon fils, (Henri III) en hérita beaucoup de cette beauté de main ».

Telle étoit, ou telle fut depuis la Princeffe de Médicis, lorfque les circonftances lui procurèrent une alliance à laquelle elle n'eût ofé prétendre, ni le Pape Clément VII, fon grand oncle. La paffion qu'avoit François Ier de s'affurer la poffeffion du Milanès, & d'affoiblir le parti de l'Empereur en Italie, fut le motif du mariage. Charles-Quint fut extrêmement furpris, lorfqu'il apprit le réfultat de l'entrevue de

Marseille. Le Pape venoit d'avoir lui-même une entrevue à Bologne avec Charles-Quint ; & ils y avoient formé une ligue avec la République de Venise, & les Princes d'Italie, pour empêcher les François d'y mettre le pied.

Le Milanès avoit été rendu à François Sforce, & la maison Papale rétablie dans Florence, après un violent orage élevé contre cette Maison. La révolte contre les Médicis avoit été poussée si loin, que les Florentins ne s'étoient pas contentés d'enfermer Catherine de Médicis, qui n'avoit que neuf ans, dans un Monastère, après l'avoir dépouillée de tous les biens de sa Maison. Pendant le siége de Florence, un des séditieux, nommé Baptiste Cei, alla jusqu'à proposer de mettre la jeune Princesse sur les murs de la Ville entre deux crénaux, pour l'y exposer au feu de l'artillerie. Bernard Castiglone avoit opiné d'une manière encore plus cruelle contre Catherine ; & dans le Conseil son avis avoit été, que bien loin de la remettre au Pape qui la redemandoit, il falloit la rendre la victime de la débauche & de la brutalité du soldat. Il n'y eut que l'horreur qu'inspirent naturellement de pareilles propositions, même aux plus emportés, qui sauva la Princesse,

Pour

Pour entretenir la fureur du peuple contre les Médicis, les Chefs du parti avoient à leur tête un Prédicateur, digne instrument de la sédition la plus caractérisée. Le Moine Foïano en étoit l'organe. Qu'on imagine les effets d'une éloquence enthousiaste en pareille occasion.

Non-seulement les secours de l'Empereur avoient rétabli le calme; Clément avoit aussi joui du plaisir, si touchant pour un cœur Italien, de punir les chefs de la sédition. Il avoit avoué que cet évènement lui avoit donné plus de joie que son élévation au Pontificat. Un autre sujet de satisfaction avoit été la mort du Prince d'Orange, son libérateur, qui aspiroit à épouser la jeune Princesse de Médicis; & lequel, soutenu du crédit de l'Empereur, ne pouvoit être refusé. Le projet du Prince d'Orange, (Philibert de Châlons, Prince d'Orange & de Mœphé, tué au siége de Florence en 1530) étoit d'épouser la petite Duchesse prétendue de Florence & d'Urbin, dit Brantôme, depuis, notre Reine mère, & de tenir ses Etats sous la protection de l'Empereur. Tout cela s'étoit passé au mois de Février 1533.

Clément, lié à l'Empereur par de si étroites obligations, en perdit bientôt l'idée lorsqu'il eut reconnu

B

que l'Empereur ne travailloit lui-même qu'à établir son pouvoir en Italie. Laurent de Médicis, père de Catherine, avoit eu un fils naturel avant son mariage avec l'héritière de Boulogne ; c'étoit Alexandre de Médicis, qu'on difoit né du Duc d'Urbin, & d'une Négreffe. Charles-Quint réfolut de lui donner Marguerite fa bâtarde, avec la Seigneurie de Florence. Le Seigneur Alexandre fut inftallé le 5 Juillet 1531. Ainfi, Catherine perdit les droits qu'elle eût pu avoir fur Florence. Les chofes étoient en cet état, lorfque Jean Stuart, Duc d'Albanie, allié à la Maifon de Médicis, & à celle de France, négocia le mariage de Catherine de Médicis, fa nièce, avec le Duc d'Orléans, fecond fils de France.

L'éclat d'une fi grande alliance flatta extrêmement la vanité de Clément VII, paffionné pour la grandeur de fa Maifon. Il crut même que ce feroit un moyen de garder une forte de neutralité entre l'Empire & la France, & de mettre ainfi l'Italie à l'abri de ces deux pouvoirs réunis & balancés l'un par l'autre.

Le mariage fut conclu : le Duc d'Albanie partit de Marfeille au mois d'Octobre 1533, & aborda à Porto-Venère, où il reçut la Princeffe de Florence. Elle fut conduite par mer jufqu'à Nice en Provence, pour y prendre la route de Marfeille.

Le Pape étoit à Livourne, où il s'embarqua pour Marfeille, accompagné des galères du Duc d'Albanie. Il étoit lui-même dans une de ces galères couverte de drap d'or, & tapiffée d'un fatin cramoifi. Il arriva le Dimanche, 11 Oct. & fit à Marfeille une entrée magnifique pour le temps, & affis fur un fauteuil, porté par plufieurs Officiers de fa Maifon. Le Roi n'arriva que le lendemain, mais dans un équipage, & avec un cortège bien plus magnifique que celui de Clément. La Reine Eléonor n'arriva que le mardi, fuivie de tout ce que la Cour de France avoit de Dames diftinguées, ou par leur rang, ou par leur beauté. Mefdames de Châteaubrillant & d'Etampes s'y trouvèrent. Je fupprime ce qui fe paffa dans cette entrevue.

François Ier aimoit ces occafions d'éclat; & l'Europe n'avoit pas encore eu de Prince qui y parût avec tant d'avantage. Le mariage du jeune Duc d'Orléans y fut célébré le 28 Octobre 1533. Et il fut confommé le même jour, malgré la jeuneffe des époux. Le Pape appréhendant tout prétexte de rupture, l'avoit ainfi exigé. Si Catherine de Médicis, qui entroit dans sa quatorzième année, étoit déja une beauté achevée, le Duc d'Orléans, du même âge qu'elle, à treize jours près, pouvoit auffi paffer pour un Prince accompli ; & jamais plus beau couple n'attira les regards & l'admiration des spectateurs. Henri, d'une taille déjà riche, avoit les plus beaux yeux du monde ; il refpiroit la tendreffe & la douceur ; fon front relevé étoit majeftueux, fon nez un peu long lui donnoit l'air de fon père, fa bouche étoit vermeille & parfaitement bien formée, fon teint étoit brun, mais vif. Il étoit beau, dit Brantôme, « encore qu'il fût un peu mauricaut ; mais ce teint brun en effaçoit bien d'autres plus blancs. Il étoit fort agréable, bien droit, fort difpos ». Bref, ajoute-t-il, « c'étoit un Roi très-accompli & fort aimable ».

Outre les Comtés d'Avergne & de Lauragais, Catherine eut en dot cent mille ducats d'or, & autant en meubles & joyaux. Cette dot parut, avec affez de raifon, peu proportionnée au rang de l'époux, fecond fils de France, & qui pouvoit devenir le premier, & élever la Princeffe fur le trône, comme cela arriva en effet. Mais fi l'on en croit les Hiftoriens de la Maifon de Médicis, la dot de Catherine n'étoit pas bornée à ces cent mille ducats d'or. Ils rapportent que Philippe Strozzi, oncle de la Princesse, préfent à la délivrance des deniers, & voyant le mécontentement de ceux que le Roi avoit nommés pour les recevoir, leur dit : « Qu'il falloit qu'ils fuffent mal inftruits du fecret de leur maître, puifqu'ils ignoroient que Clément VII s'étoit obligé par un acte folemnel, de donner au Roi, pour fupplément de dot, trois perles d'une valeur ineftimable, qui étoient Gênes, Milan, & Naples ».

Les fêtes des nôces furent moins précipitées que ne le difent quelques Hiftoriens, puifqu'elles durèrent trente-quatre jours. Pour la promeffe qu'on prétend que Clément avoit faite au Roi, s'il eut deffein de l'exécuter, il n'en eut pas le temps, étant mort le 26 Septembre de l'année fuivante 1534, âgé de 57 ans.

Catherine devint un des ornemens de la Cour de François Ier, & elle y fit voir, malgré fa jeuneffe, ces femences de politique, & cette profonde diffimulation, qui l'ont fait regarder comme un modèle en fon genre. L'attachement du Duc d'Orléans pour Diane de Poitiers eût dû l'offenfer : elle ne parut pas y faire la moindre attention ; &, tandis que la Ducheffe d'Etampes, avec laquelle elle vécut également bien, déclamoit contre Diane, l'épouse du Duc d'Orléans paroissoit liée d'amitié avec les deux favorites. Elle faisoit ainsi admirablement bien sa cour à François vieillissant, qui ne pouvoit se détacher de la Duchesse d'Etampes; & au Duc d'Orléans, qui n'eût pas souffert de contradiction dans ses amours, sans en marquer de ressentiment. Ce Prince, d'un caractère doux & tranquille, étoit pourtant ferme & absolu.

Devenue Dauphine en 1536, elle ne changea point de conduite, & chercha à être de toutes les parties que le Roi ou le Dauphin faisoient. François Ier avoit formé une troupe de ce qu'il y avoit à la Cour de plus belles Dames, avec lesquelles il passoit quelquefois huit jours, quelquefois davantage, dans ses belles maisons de Madrid, Chambord ou Fontainebleau: on appelloit cette troupe, la petite bande des Dames de la Cour. La Dauphine, qui n'en étoit pas, pria le Roi de l'y admettre, & de permettre qu'elle l'accompagnât à la chasse, & dans ses amusemens. Elle l'obtint, & le Roi le trouva si bon, que depuis ce temps là, elle ne le quittoit presque pas, étant toujours à ses côtés, même à la chasse, n'y ayant point de femme qui fût mieux qu'elle à cheval, & qui fournît une longue traite avec autant de vigueur. C'étoit un de ſes plaiſirs de pouſſer un cheval, comme l'Ecuyer le plus vigoureux ; &, quoique quelques chûtes euſſent dû lui ôter cette paſſion, s'étant caſſé la jambe, & ayant été trépanée, elle la conſerva juſqu'à l'âge de ſoixante ans. Ceux qui veulent trouver des motifs myſtérieux dans toutes les actions des perſonnes de la réputation de Catherine de Médicis, ont dit qu'en demandant au Roi ſon beau-père la permiſſion de l'accompagner, & d'être de ſes plaiſirs, elle avoit moins penſé à s'amuſer elle-même, qu'à établir ſon crédit, & à découvrir les ſecrets & les intrigues de la Cour ; & une pareille conjecture n'a rien que de fort analogue au caractère de Catherine. Sa ſtérilité pendant dix années donna priſe ſur elle, à ſes ennemis, & on conſeilla, dit-on, à M. le Dauphin de la répudier. Mais ni le Roi, ni le Dauphin, n'y voulurent conſentir. Si l'on en croyoit la ſatyre de Henri Eſtienne, elle détourna le coup par ſes complaiſances pour la Ducheſſe de Valentinois. On lit auſſi, dans quelques Mémoires du temps, que le Connétable de Montmorency, très-attaché à la Reine, ſe réunit en ſa faveur avec la Ducheſſe. Il ſe peut faire que

Diane l'eût fervie en cette occafion : elle n'avoit point à fe plaindre de la Dauphine, & elle eût pu trouver une rivale plus à craindre dans une autre Princeffe. Mais d'ailleurs le caractère peu changeant du Dauphin, la jeuneffe de Catherine, qui n'avoit encore que vingt-quatre ans, & d'autres motifs politiques, pouvoient fuffire pour empêcher le divorce. On a été jufqu'à prétendre que le Roi étoit lui-même la caufe de cette ftérilité, par un défaut naturel dont on parloit à la Cour, & fur lequel Brantôme rapporte une anecdote qui, de fon temps, paffoit pour pure plaifanterie ; mais que la févérité de nos mœurs actuelles m'empêche de rapporter. La naiffance de François, qui fut depuis François II, mit la Reine hors d'inquiétude. Ceux qui ont parlé du célèbre Médecin Fernel, ont dit que ce fut par fes avis que la Dauphine devint groffe, & qu'elle dut fa fécondité à fes favans confeils. C'eft le fentiment de Sainte-Marthe & de Naudé ; mais il ne paroît pas, comme l'a fort judicieufement obfervé Bayle, que le Difciple de Fernel ait voulu parler de Catherine de Médicis, dans ce qu'il rapporte de la cure d'une Dame de la première qualité. On peut voir, dans le Dictionnaire de Bayle, un détail fort exact

exact de ce que fit, ou de ce que ne fit pas Fernel à l'occasion de la stérilité de Catherine de Médicis. Je le supprime d'autant plus volontiers, qu'il m'a paru plus propre à instruire un Médecin que tout autre Lecteur. Adroite à se ménager tous les appuis dont elle avoit besoin, Catherine de Médicis, devenue Reine après la mort de François Ier, ne se contenta pas d'avoir la favorite (Diane de Poitiers) dans son parti; elle y mit le Connétable de Montmorency, qui partageoit avec Diane toute l'autorité. Cet habile courtisan, si fier avec toute la Cour, rampoit lâchement auprès de la Duchesse de Valentinois; & les honneurs que lui faisoit la Reine, le dédommageoient. Il parla pour elle au Roi, afin de l'engager à lui donner plus de part qu'elle n'en avoit dans les affaires, en lui vantant ses talens & sa capacité. On dit que Henri, importuné par le Connétable, lui répondit un jour : « mon compère, vous ne connoissez pas bien le caractère de ma femme: c'est la plus grande brouillonne du monde. Qu'on lui donne entrée au Gouvernement, elle gâtera tout ». Quoique j'apprenne ce fait dans une Pièce satyrique, je suis assez porté à le croire. En effet, pendant le règne de Henri II, Catherine eut très-peu de crédit

C

Elle étoit aimable ; le Roi en faisoit volontiers l'aveu ; elle aimoit la dépense, les plaisirs d'éclat, & elle en introduisit le goût à la Cour. Henri étoit le premier à admirer ce génie fécond, qui donna à la Cour de France un lustre qu'elle n'avoit jamais eu, & qu'elle n'aura peut-être jamais à un si haut point. Enfin elle donna à tout un ton vif & galant que le Roi approuvoit. Mais les affaires se firent toutes sans sa participation ; & elle vit régner la Duchesse de Valentinois & le Connétable sous le règne de son mari, dont le cœur ne fut même jamais à elle, sans qu'elle réclamât aucun de ses droits, ni comme Reine, ni comme épouse. Elle obtint pourtant les honneurs du couronnement à Saint Denis, le 10 Juin 1549, & ceux d'une entrée solemnelle à Paris, le 17 du même mois. Suivant une relation en forme de procès-verbal, dressée par le Greffier du Tillet, la Cour, & ceux des Comptes, montés à cheval, allèrent au-devant de la Reine jusqu'à Saint-Lazare. On y avoit dressé un échafaud sur lequel étoit un trône, que l'Auteur appelle chaire de parement. Elle y prit séance, vêtue d'un surcot, ou espèce de mantelet d'hermine, couvert de pierreries, d'un corset dessous, avec le manteau royal, & ayant fur la tête une couronne enrichie de perles & de diamans, & foutenue par la Maréchale de la Mark, fa Dame d'Honneur. Autour d'elle étoient debout les Princes du Sang & autres Princes & Seigneurs richement habillés, avec le Chancelier de France, vêtu d'une robe de toile d'or, figurée fur un fond cramoifi rouge. Devant la Reine, & fur le même échafaud, étoient affifes, fur deux rangs, douze Duchesses ou Comtesses, vêtues de furcots d'hermine, corfets, & manteaux, & cercles, c'est-à-dire, avec les couronnes de Duchesse ou Comtesse. C'étoient les Duchesses d'Eftouteville, Montpenfier l'aînée & la jeune; la Princesse de la Roche-fur-Yon; les Duchesses de Guife, de Nivernois, d'Aumale, de Valentinois; Mademoifelle la bâtarde (Diane, légitimée de France, à laquelle on donnoit ce titre à la Cour); Madame la Connétable & Mademoifelle de Nemours, fans les autres Dames & Demoifelles qui ne trouvèrent rang. Les quatre Préfidens à mortier, quelques autres Membres de la Cour, & le Greffier du Tillet, montèrent fur l'échafaud, firent leurs révérences, & ayant mis un genou en terre, le premier Préfident (Pierre Lizet) harangua la Reine. Le Chancelier mit un genou en terre devant Sa Majesté, se releva, & répondit à la harangue du premier Président, & la Cour se retira, & fit place aux autres Corps. Elle fit son entrée sur les trois heures après-midi, en litière découverte, ayant Madame Marguerite de France vis-à-vis d'elle, & aux côtés de sa litière, les Cardinaux d'Amboise, de Châtillon, de Boulogne & de Lénoncourt, en rochet. Elle alla descendre à l'Eglise de Notre-Dame, & y fut reçue par le Clergé. Après son Oraison, on la conduisit par la rue de la Calendre au Palais, où le souper royal étoit préparé dans la grande salle. Elle y parut assise au milieu de la Table de Marbre, & sous un dais de velours pers, (c'est-à-dire, bleu céleste) semé de fleurs-de-lys d'or. On peut voir, dans la Relation de du Tillet, les autres circonstances de cette cérémonie, où fut prodigué tout ce qu'il y a de plus riche en pierreries, en perles & en étoffes. Le caractère de magnificence qu'elle imprimoit à toutes les fêtes où elle avoit part, brilla dans celle-ci. Il n'y eut point de mystères. Au lieu de ces théâtres grossiers, dont quelques peintures plus grossières encore, & quelques branches d'arbres faisoient l'ornement ; au lieu de ces représentations ridiculement pieuses, où, même sous François Ier, on jouoit la religion, le ciel & l'enfer, l'entrée du Roi & celle de la Reine furent ornées d'arcs de triomphe, où parut le goût de la belle Architecture; de tableaux ingénieux, d'emblêmes où le zèle s'expliquoit de concert avec le refpect. L'architecture, la fculpture, la peinture, la poëfie Latine & Françoife, tous les arts, nés pour ces magnifiques fpectacles, développèrent ce qu'ils ont de grand & de beau; & l'on peut dire que Catherine, qui en étoit l'ame, y fixa les regards d'une manière à y donner un nouvel éclat. Henri II ayant réfolu fon expédition d'Allemagne, donna à la Reine une preuve plus fenfible de fon eftime; elle fut déclarée Régente avant le départ du Roi, le 25 Mars 1552. Elle étoit déja mère du Dauphin François, de Charles, Duc d'Orléans, & du Duc d'Anjou; & il n'étoit ni naturel, ni convenable de la priver des honneurs de la Régence. L'Auteur le plus déclaré contre elle, eft obligé de convenir qu'elle s'en acquitta avec fuccès, parce qu'elle craignoit, dit-il, de dégoûter les perfonnes de fon Gouvernement dès l'entrée. Quel que pût être fon motif, le Roi n'eut qu'à fe louer de fon adminiftration. Il fut fecouru à propos, d'argent & de troupes, & il ne s'éleva aucun nuage dans l'intérieur de l'Etat. Après la fatale journée de Saint-Quentin, ou de Saint-Laurent, elle fut encore engager les Parisiens à donner au Roi, qui étoit à Compiègne, des sommes considérables, & qui furent d'un grand secours dans l'état déplorable où étoient les affaires.

Personne n'ignore par quel accident funeste Henri II périt à l'âge de quarante ans. Ce Prince, blessé à mort par Montgommeri, le 30 Juin 1559, expira le 10 Juillet, onze jours après sa blessure. La Reine l'avoit prié de ne pas rentrer de nouveau dans la carrière; il résista, en disant, « qu'il vouloit rompre encore une lance »; suivant les uns, à l'honneur des Dames; suivant les autres, à l'honneur de la Reine. Un fait en quoi les Auteurs du temps s'accordent, c'est que, dans le tournois où il fut blessé, il portoit les livrées de sa belle veuve, c'est-à-dire, de la Duchesse de Valentinois, qui étoient noir & blanc. Marguerite de Valois, qui donne à sa mère un esprit prophétique, dit, dans ses Mémoires, que la nuit qui précéda la blessure du Roi, elle l'avoit vu en rêve blessé à l'œil, & qu'étant réveillée, elle le supplia plusieurs fois de ne pas entrer en lice, & de s'en tenir au plaisir du spectacle, sans être un des tenans.

Catherine n'oublia rien de ce qui pouvoit donner des preuves d'une tendresse sans réserve pour le Roi, & par ses soins auprès de sa personne, & par son attention à envoyer de toutes parts chercher les Médecins & les Chirurgiens les plus célèbres. Tout fut inutile, & Henri mourut sans avoir pu prononcer un seul mot depuis le jour de sa blessure. La douleur feinte ou véritable de la Reine, éclata de toutes les manières dont elle a coutume de s'exprimer chez les Grands, dans ses appartemens, dans son train, dans les soins qu'elle prit d'élever à Henri le magnifique tombeau qui se voit à Saint-Denis, dans ses devises, & dans tous ses discours. Jamais elle ne cessa de parler avec tendresse de Henri son époux. Mais une ame de la trempe de celle de Catherine de Médicis, n'étoit pas faite pour se livrer en proie à ses regrets, eussent-ils été aussi sincères que ses ennemis, & même des Auteurs indifférens, ont pensé qu'ils l'étoient peu. Elle étoit née ambitieuse; la passion de régner étoit dominante en elle : on n'en sauroit douter. François II, qui montoit sur le trône, n'avoit pas seize ans ; sa santé étoit foible, son esprit n'étoit pas fort. Catherine entreprit de régner sous le nom de son fils. Elle y trouva de grands obstacles dans la Maison de Lorraine. François, époux de Marie, Reine d'Ecosse, avoit pour oncles, le Cardinal de Lorraine & le Duc de Guise. Non moins ambitieux que Catherine, ils crurent que, pour se maintenir, il falloit s'unir avec la Reine-mère contre les Princes du Sang ; c'étoient entr'autres, Antoine de Bourbon, Roi de Navarre, & le Prince de Condé, son frère. Elle-même crut que le parti d'union avec les Guises, moins redoutables que les Princes du Sang, étoit le plus favorable à ses projets. Le commandement des armées fut donc donné au Duc de Guise ; les finances, & ce qui regardoit la Religion & le Clergé, au Cardinal de Lorraine ; &, moyennant cet arrangement, elle demanda que Diane de Poitiers, Duchesse de Valentinois, lui fût sacrifiée. Elle le fut ; & tout ce que fit pour elle le Duc d'Aumale, son gendre ; en travaillant pour lui-même, ce fut de lui faire conserver les biens immenses qu'elle avoit accumulés pendant sa faveur. Il suffisoit à Catherine que Diane ne parût plus à la Cour. Une femme qui regardoit le Royaume comme sa conquête, ne s'embarrassoit pas

de

de quelques millions. Catherine d'ailleurs n'étoit vindicative qu'autant que sa vengeance servoit son ambition. Toutes ses passions étoient subordonnées à celle de dominer ; mais il en étoit de même des Guises. Maîtres de la personne du jeune Roi, qui adoroit la Reine, leur nièce, & disposant absolument de cette Princesse, ils éclipsèrent bientôt le pouvoir de la Reine-mère. Catherine, outrée de dépit, ne pensa plus qu'aux moyens d'écarter elle-même les Guises, en employant contre eux les Princes du Sang qu'elle avoit d'abord sacrifiés, le Roi de Navarre & le Prince de Condé, le Connétable même qu'elle rappella pour venir à son secours. Les persécutions poussées à l'extrémité contre les Protestans par les Guises, les leur avoient rendus odieux. Elle se servit de leur haine contre le gouvernement du Cardinal, & du Duc son frère. De-là, je veux dire du choc des passions de la Reine-mère & des Guises, qui se sacrifièrent l'Etat & la Religion tour-à-tour, le soulèvement général des Protestans, la captivité des Princes du Sang, & l'Arrêt de mort rendu contre le Prince de Condé, & dont l'exécution ne fut détournée que par la mort de François II. De-là tous les malheurs de ce Prince. Il mourut d'un abcès dans l'oreille, le

Jeudi 5 Décembre 1560. Les ennemis de Catherine de Médicis ne manquèrent pas de l'accuser de la mort du Roi son fils. Ils publièrent que son Barbier lui avoit infinué du poison par l'oreille. Les Catholiques en accusèrent les Proteſtans; & d'autres imputèrent ſa mort au Roi de Navarre, & aux amis du Prince de Condé. Mais, à l'égard de la Reine-mère, Henri Etienne, qui la charge de plus de crimes qu'on n'en impute à Brunehaut, à laquelle il la compare, n'a pas ofé lui faire ce reproche. Le Préſident de Thou parle de cette mort avec une ſageſſe & des lumières ſi ſûres, qu'il n'y a pas lieu de douter que la mort de François II ne fût la ſuite de la foibleſſe de ſon tempérament. Charles IX, ſon frère, lui ſuccéda à l'âge de dix ans & demi. Son enfance ouvroit une nouvelle carrière à l'ambition de ſa mère. Elle n'avoit pas attendu la mort de François II pour s'aſſurer la Régence. Elle négocia avec le Roi de Navarre, le Connétable de Montmorency & ſes neveux, & même avec les Proteſtans, auxquels elles ne fit pas de difficulté de faire eſpérer l'exercice de leur religion, & la liberté de conſcience. Elle trouva le moyen d'en impoſer à tout ce que la France avoit de plus politique & de plus éclairé. Le Roi de Navarre étoit brave & voluptueux, inconstant, irrésolu, livré aux plaisirs ; elle l'amusa par le moyen de la Demoiselle du Rouet, l'une des plus belles filles de sa suite. Le Connétable n'avoit cédé aux Guises que malgré lui ; elle le flatta de le rétablir dans le ministère. Les Protestans qui étoient attachés de bonne foi à leur religion, furent éblouis des belles promesses qu'elle leur fit. Ils croyoient déja voir mille temples ouverts, la Reine & le Roi même aux sermons de leurs Ministres. L'évêque de Valence, Protestant, prêcha même au Louvre en habit court & avec son chapeau sur la tête, & il n'y eut que le vieux Montmorency qui y trouva à redire. Ils furent donc les plus empressés à lui donner la Régence. Elle s'étoit débarrassée des Guises ; elle trouva le moyen d'exclure du Conseil leurs partisans, & dans la suite le Connétable lui-même. Le Roi de Navarre, livré à la belle du Rouet, fut presque abandonné de la Noblesse. Tous étonnés & confus d'être les dupes des artifices d'une femme, ils cherchèrent à se réunir d'intérêt ; mais elle sut jetter entr'eux tant de sujets de division, qu'il subsista toujours plusieurs partis dans l'Etat. Celui de Catherine, laquelle se servoit à l'abri du nom de Roi, de tous les autres pour se foutenir, & les affoiblir l'un par l'autre ; celui des Catholiques, qui fe joignirent aux Lorrains ou aux Guifes, qui en devinrent les Chefs ; & celui des Proteftans, à la tête duquel fe trouva le Prince de Condé, & le célèbre Amiral de Châtillon, avec Andelot, fon frère. On peut dire que la Religion, la France, & fon Roi, victimes de tant d'intérêts oppofés, étoient feuls fans partifans véritables, quoiqu'en toute occafion on fît valoir les noms facrés & impofans de la Religion, d'Etat, & de Roi : & l'on peut ajouter que l'ambition de la Reine-mere fut le germe de tant de divifions qui déchirèrent la France, & la mirent à deux doigts de fa perte. Le maffacre de la S. Barthélemi, qu'on peut encore lui imputer, fut le comble des horreurs, & ne produifit point l'effet qu'on en attendoit. On prétend que la tête de l'Amiral de Coligni, féparée du tronc, lui fut préfentée, & quelques-uns difent qu'elle l'envoya à Rome, à Grégoire XIII. Il eft certain qu'elle alla avec le Roi à Montfaucon, voir le cadavre de l'Amiral, que le peuple y avoit pendu par les pieds.

Lorfqu'on lit les belles leçons qu'elle donna à Charles IX, au commencement de fon règne, on eft tenté de rejetter fur d'autres tous les malheurs dont elle fut en partie la cause. On trouve ces leçons dans une lettre qu'elle adressa à son fils, en 1563, lorsqu'il fit le voyage de Rouen. Les maximes qu'elle lui prescrit sont de se rendre absolu dans ses Etats, « en faisant par lui-même tout le bien qu'un grand Roi peut faire ; de se faire aimer de ses sujets, des grands & des peuples, en faisant connoître aux uns qu'ils n'existent que par ses bienfaits, & aux autres, qu'ils sont l'objet continuel de ses attentions & de ses soins ; de rendre à la Majesté Royale cet éclat qu'elle avoit eue sous Louis XII, sous François Ier, & sous Henri II, par l'ordre & la décence de sa vie privée, & de ses actions depuis son lever jusqu'à son coucher ». A cette occasion, la Princesse entre dans des détails bien curieux & bien intéressans de la conduite particulière des trois Monarques dont elle lui propose l'exemple, & je me serois fait un devoir de copier ici cette belle pièce en entier, si elle n'avoit pas été déja publiée. Mais quand on fait réflexion que la lettre de Catherine n'avoit pour but que de se rendre elle-même toute puissante à la Cour, & d'écarter ses rivaux ; qu'elle pensoit bien moins à l'intérêt véritable de l'Etat, & à celui de son fils, qu'à son intérêt personnel ; enfin quand on est perfuadé comme on doit l'être, qu'en prétendant concentrer tout le pouvoir dans la main de fon fils enfant, c'étoit dans la fienne qu'elle vouloit l'affurer, on ne regarde plus l'auteur de ces belles leçons, que de l'œil dont on l'envifage ordinairement. On admire fes lumières, ce talent prodigieux de prendre toutes fortes de formes, même celle de la vertu, pour fatisfaire fon vice dominant, c'eft-à-dire, fon ambition démefurée.

On ne peut s'empêcher d'avoir une étrange idée de Catherine de Médicis, quand on voit cette Princeffe préfider tranquillement à des fêtes, décider d'un ballet, conferver aux yeux de l'Europe étonnée, & des François baignés dans leur fang, l'éclat d'une Cour la plus brillante qui ait jamais exifté; communiquer aux François, nés tendres & généreux, une forte d'indifférence pour le crime, de l'habitude même aux forfaits : cette force d'ame a quelque chofe d'inconcevable & qui effraye.

Un reproche inaffaçable qu'on fera toujours à Catherine, c'eft l'éducation qu'elle donna à fes enfans, à l'infortuné Charles IX, ce génie fi beau, fi élevé, ce Prince né pour être l'un de nos plus grands Rois, s'il eût été conduit par une autre mère. Elle fut faire des vices de toutes les semences de vertu qui étoient en lui, & de toutes ses grandes qualités autant de grands défauts. Elle changea sa prudence & sa discrétion en une noire politique ; sa vivacité en fureur ; son courage en férocité ; il n'y eut que sa tempérance pour le sexe qu'elle ne put changer entiérement. Brantôme qui ne doit pas être suspect, après les éloges dont il comble Catherine de Médicis, dit que : « ce fut le Maréchal de Retz qui le pervertit du tout, & lui fit oublier & laisser toute la belle nourriture que lui avoit donné le brave Cipière ». Le Maréchal de Retz, Florentin, étoit une créature de Catherine ; ce fut elle qui le mit auprès du Roi, qui éleva sa fortune. Il étoit résolu de régner, & il avoit reconnu jusqu'où sa mère avoit porté l'abus du pouvoir, & le précipice où elle avoit jetté l'Etat, pour régner elle-même sous son nom, lorsqu'il mourut de la façon terrible que le rapporte nos Historiens. Le fils n'avoit pas l'ame de bronze ou de fer de sa mère. Depuis le meurtre, il se croyoit environné de spectres : des songes affreux le réveilloient en sursaut. Son imagination frappée lui présentoit sans cesse des ruisseaux de sang, des monceaux de cadavres, & lui faisoit entendre des sons lugubres, des accens plaintifs qui perçoient les airs. Devenu sombre & farouche, il soupiroit seul, levoit les yeux au ciel, & le levain de la mélancolie, dont son cœur étoit infecté, lui rendoit tout insupportable ; & il n'envisageoit sa mère que comme la source de ses maux. On remarque, que quelque temps avant sa mort, il lui avoit fait fermer la porte de son cabinet, & qu'il avoit résolu de prévenir ses desseins par d'autres qui, dit Mézerai, eussent sans doute été fort tragiques. Au siége de la Rochelle, Charles s'étant emporté contre ses Véneurs, & la Reine lui ayant dit qu'il eût bien mieux valu se mettre en colère contre ceux qui faisoient périr tant de ses fidèles serviteurs devant la Rochelle, il lui répondit : « Madame, qui en est cause que vous ? Par la mort..... vous êtes cause de tout ». Enfin, Cayet rapporte que, quelques heures avant sa mort, il fit appeler Henri, Roi de Navarre, auquel il dit, après l'avoir embrassé, & lui avoir donné beaucoup de marques d'amitié : « Je me fie en vous de ma femme & de ma fille ; je vous les recommande : & Dieu vous gardera. Mais ne vous fiez pas à..... » Que la Reine-mère, qui craignoit d'être nommée, l'ayant interrompu pour lui dire : « Monsieur, ne dites pas cela »; le Roi répondit : « Je le dois

dois dire, car c'eſt la vérité ». Si le Roi ne fût pas mort, Catherine eût ſurvécu au pouvoir ſouverain qu'elle avoit uſurpé. On renouvella contre elle l'accuſation de poiſon, & elle n'eſt pas mieux fondée. Sans lui prêter un crime, dit très-judicieuſement un Moderne, on peut croire que le chagrin & les remords furent le ſeul poiſon qui abrégea ſa vie. Ne nous feroit-il pas reſté quelque Mémoire fidèle & authentique d'un fait ſi atroce ? Il n'en paroît point. Ceux qui ont voulu accréditer l'accuſation, ont avancé que lorſque le Duc d'Anjou, celui de ſes enfans qu'elle aimoit le mieux, partit de la Cour pour aller en Pologne, elle lui dit : qu'elle eſpéroit le revoir bientôt. Allez, Monſieur, lui dit-elle, en lui diſant adieu, « vous ne ſerez pas long-temps ſans revoir la France ». Sa tendreſſe pour ce fils, & l'état où étoit déja Charles IX, & dont elle pouvoit être très-inſtruite, n'étoient-ce pas des raiſons ſuffiſantes pour la faire parler ainſi au Prince qui ne partoit que malgré lui & avec chagrin ? Enfin Henri Etienne n'accuſe point encore Catherine de la mort de Charles IX. Ce Prince, à ſa mort, l'avoit déclarée Régente juſqu'au retour de ſon ſucceſſeur. Elle donna tous ſes ſoins à s'aſſurer de ſa nouvelle Régence,

E

& les funérailles de Charles IX furent auſſi négligées que celles de François II. Catherine, qui avoit fait une dépenſe toute royale aux obseques du père, ne penſa preſque pas à celles des enfans. Elle fit confirmer ſa Régence au Parlement le 3 Juin.

Plus autoriſée ſous Henri III, par l'âge de ce Prince, que ſous ſon Prédéceſſeur, elle ne s'occupa que du ſoin de s'emparer entiérement des affaires, en écartant l'eſprit du Roi de toute occupation digne de lui. Elle perdit le nom de Régente à ſon retour dans ſes Etats; mais elle en conſerva tous les droits & le pouvoir. Elle connoiſſoit ſa pareſſe, ſon foible pour les plaiſirs; elle en profita pour l'y plonger, & le jetter dans une ſorte de létargie, qui lui fit oublier tous devoirs & toute affaire. Le héros de Jarnac & de Moncontour, le Monarque le plus éclairé & le plus capable de porter la gloire du trône juſqu'où elle pouvoit parvenir, ſe contenta de repréſenter dans les cérémonies & à la Cour, de briller dans un ballet, & par le goût des ajuſtemens, & une prodigalité, dont les excès épuiſèrent bientôt l'Etat. C'eſt encore un reproche éternel à la mémoire de Catherine de Médicis. Il ne s'agiſſoit que d'éloigner les conſeils dangereux des favoris; de porter le

Roi à concilier les esprits disposés à la paix ; d'établir les fondemens de cette paix ; de soulager les peuples déja accablés ; de refermer les plaies de l'Etat : elles n'étoient pas encore incurables. Mais la guerre fut résolue ; toute la fureur des partis se renouvella, & Catherine, née pour le tumulte & les intrigues d'Etat & de Cour, se trouva encore sous le règne de son fils, le ressort d'une infinité de machines, qui la réduisirent elle-même à de cruelles extrémités, & à adorer le pouvoir des favoris qu'elle méprisoit, & des Guises qu'elle détestoit. Brantôme nous apprend que, dans un Conseil tenu par le Duc de Guise, le Connétable Montmorenci, & le Maréchal de Saint-André, qui formoient ce qu'on appelloit le triumvirat, Saint-André opina qu'il falloit la coudre dans un sac & la jetter dans la rivière. Cela fut, dit-il, proposé sérieusement, & il n'y eut que le Duc de Guise qui s'y opposa. De-là, dit-on, l'amitié de Catherine pour le Duc. On lit aussi, dans les Additions de le Laboureur sur Castelnau, que Henri IV, alors Roi de Navarre, excédé de ses méchancetés, conseilla au Duc d'Alençon, devenu Duc d'Anjou, de feindre une maladie, de la prier de le venir trouver ; &, après avoir écarté ses gens, sous prétexte de lui communiquer quelque secret, de s'en saisir, & de l'étrangler. De-là, dit-on, encore la haine mortelle de la Reine-mère contre Henri. Cela m'a bien l'air d'un conte de parti, & de l'une de ces anecdotes où l'on n'a pas même ménagé la vraisemblance. Comment se figurer que Henri IV se soit porté à un pareil excès? Cependant l'Auteur cité, donne le fait pour véritable.

La crainte de trouver dans la Princesse de Condé, que vouloit épouser Henri III à son retour de Pologne, une Princesse trop chérie & trop éclairée, lui fit donner les mains à l'alliance qu'il prit dans la Maison de Lorraine, avec la Princesse Louise, fille du Comte de Vaudemont, cadet de sa Maison; & cette alliance fut dans la suite la base du pouvoir que s'arrogèrent les Guises, & que la nécessité établit. La Princesse de Condé mourut. Catherine n'eut-elle point de part à sa mort? au moins en fut-elle soupçonnée. Après bien des intrigues, des fleuves de sang répandus, bien des traités rompus, renoués, & de nouveaux rompus; de l'infection de tous les partis, de la corruption des affaires, naquit enfin le monstre auquel on donna le nom de Sainte Union, en 1576. Péronne en fut le berceau. On prétend qu'il avoit été conçu dans l'Assemblée de Bayonne, ou par le Cardinal de Lorraine, au Concile de Trente. Ce parti acquit bientôt tant de force, que le Roi, qui avoit eu l'imprudence de s'en faire le chef, fut lui-même subordonné aux Guises.

Catherine, vieillissant au milieu des reproches & des malédictions de la Nation entière, ne fut plus elle-même que l'esclave, & quelquefois le jouet de tous les partis. La Ligue enfanta les SEIZE ; on vit enfin la guerre des trois Henris. Henri de Guise, chef des Ligueurs, en fut la première victime. Son Roi, qui étoit réduit à ne pouvoir se servir des loix, le fit poignarder à Blois, le 23 Décembre 1588. Ce Prince, réveillé d'un long assoupissement après la journée des Barricades, ne communiqua rien de son projet à la Reine-mère. Il avoit enfin reconnu le précipice où Catherine l'avoit jetté lui & l'Etat. La fureur de régner ne l'avoit jamais quittée, non plus que sa haine contre la Maison de Bourbon. Elle prévit, après la mort de son quatrième fils, qui de Duc d'Alençon étoit devenu Duc d'Anjou, que le sceptre passeroit à l'aîné des Bourbons, c'est à-dire, au Roi de Navarre : elle ne lui avoit jamais pardonné son rang, sa sincérité, son mérite & sa valeur. Pour le priver de ses droits, & en revêtir, si elle eût pu, les enfans de la Duchesse de Lorraine sa fille, elle favorisa les Lorrains & la Ligue. Elle avoit conclu, en 1588, un traité qui renchérissoit sur la honte de celui de Nemours, en ce qu'il déclaroit le Cardinal de Bourbon premier Prince du Sang, & sappoit ainsi directement la loi Salique dans ses fondemens, & très-directement l'ordre successif des Princes du Sang à la Couronne. Henri III, convaincu, mais trop tard, des dispositions de sa mère, dissimula si profondément avec elle la résolution qu'il avoit prise de punir les Guises de leur attentat sur son autorité, qu'elle n'en sut rien qu'après que le Duc & le Cardinal furent poignardés. Catherine étoit malade : le Roi, perdant ce respect extérieur qu'il avoit toujours conservé pour elle, entra seul dans la chambre, & lui dit, sans le moindre ménagement : « Le Roi de Paris n'est plus, Madame, & je suis Roi désormais. Vous avez fait mourir le Duc de Guise, reprit-elle, en soupirant, Dieu veuille que cette mort ne vous rende pas Roi de Rien. C'est bien coupé, mon fils, mais il faut coudre : avez-vous pris toutes vos mesures ? Oui, Madame, lui répondit-il, & j'y ai mis si bon ordre, que cela ne doit pas vous inquiéter. Il la quitta aussi-tôt, sans lui donner la moindre marque de cette attention à laquelle elle étoit accoutumée. Le ton de son fils, son procédé, & ce qu'elle en augura, augmentèrent sa maladie. La crainte de déplaire au Roi, lui fit dissimuler sa douleur, elle quitta même le lit, & alla à l'Eglise; à son retour, elle entra chez le Cardinal de Bourbon, détenu prisonnier. Le Cardinal lui reprocha son malheur & celui des Guises, le Duc & le Cardinal ses neveux, qui, disoit-il, n'étoient venus à Blois que sur sa parole & les assurances qu'elle leur avoit données. L'un & l'autre fondirent en larmes. La Reine retourna dans sa chambre & ne soupa point. Le lendemain lundi, elle ne put se lever, & elle mourut le Mercredi, 5 Janvier 1589, huit jours après le meurtre du Duc de Guise, aussi peu regrettée qu'elle étoit peu digne de l'être. On dit qu'en mourant, elle recommanda au Roi de se réconcilier avec le Roi de Navarre. Si cela est, ce fut le dernier des avis, & peut-être le premier salutaire qu'elle donna à Henri III. Favyn a écrit d'après Pasquier, que Catherine, ayant voulu savoir quelle seroit la fin de sa vie, s'adressa à Nostradamus, Médecin de Henri II, si fameux par ses Centuries, c'est-à-dire, par le recueil de ses Prophéties en vers. Elle interrogea même sur son sort un autre Astrologue Italien. Tout ce qu'elle apprit d'eux fut que Saint-Germain lui seroit fatal. Cette réponse, ajoute-t-on, fit une telle impression sur son esprit, que depuis, elle n'alla plus à Saint-Germain-en-Laye, ni dans aucun autre endroit qui portât le nom de Saint-Germain. On ajoute aussi que la même prédiction lui fit quitter la Paroisse de Saint Germain-l'Auxerrois, sous laquelle est situé le Louvre, & que ce fut ce qui la détermina à acheter l'ancien hôtel de Soissons, où elle fit élever la colonne canelée qui y subsiste encore, & dont elle se servoit pour consulter les astres, & y faire les opérations astrologiques dont elle étoit entêtée. Mais elle ne put détourner l'effet de la prophétie ; & elle rendit le dernier soupir entre les bras de l'Evêque de Nazareth, premier Confesseur du Roi, nommé Saint-Germain. Favyn, dans son Histoire de Navarre, donne ce fait pour certain, & prétend même expliquer la manière dont le diable peut avoir ces connoissances. Sa mort ne fit presqu'aucune impression sur les esprits, & ne changea rien à l'état des affaires. Cette Princesse, qui avoit soutenu pendant trente ans un si grand rôle dans le

monde,

monde, disparut sans qu'on y fît la moindre attention. Sa vanité & ses projets furent ensevelis avec elle. Tel est communément le sort de toutes ces ames ambitieuses, dont six pieds de terre font raison aux peuples. Trois semaines après sa mort, le Roi son fils fit célébrer ses obsèques, selon que la commodité de ses affaires pouvoit le porter, dit Pasquier, c'est-à-dire, sans beaucoup d'éclat. Son corps fut déposé dans l'Eglise de Saint Sauveur de Blois. Les troubles où étoit la France, ne permirent pas qu'on le transportât à Saint Denis, où il ne fut inhumé que vingt ans après, dans le superbe mausolée qu'elle avoit fait élever pour son mari & pour elle-même. Etienne Pasquier remarque que le corps de cette Princesse n'ayant pas été bien embaumé, parce qu'on manqua à Blois des choses nécessaires, il se corrompit promptement, & répandit une si mauvaise odeur, qu'on fut obligé de l'enlever de nuit, & de l'enterrer en pleine terre, tout ainsi que le moindre de nous tous, & dans un endroit où il n'y avoit aucune apparence qu'il y fût. Son cœur est aux Célestins de Paris, dans la chapelle d'Orléans, avec celui de Henri II, & dans la même urne. Elle est de bronze doré, terminée par une fleur-de-lys; ses trois extrémités se terminent en autant de dauphins, pofés fur la tête de trois figures d'albâtre, qui repréfentent les trois Graces. Les défauts de Catherine de Médicis fuppofent néceffairement de grandes qualités, mais qu'il ne faut pas confondre avec de la vertu. De ces qualités, les unes étoient politiques, & acquifes, les autres naturelles & de tempérament. Perfonne ne s'eft avifé de lui contefter un génie d'une étendue & d'une fermeté non-feulement au-deffus de fon fexè, mais auffi bien, au de-là, de la plupart des Princes dont parle l'Hiftoire, même avec éloge. Elle voyoit les événemens les plus fàcheux avec l'indifférence néceffaire à y porter du remède. Elle favoit même diminuer l'avantage que fes ennemis en euffent pu prendre, par le fel d'un bon mot. Lorfque le Roi de Navarre, qui venoit de perdre la Réole, en 1578, eut repris Fleurance aux environ d'Auch, elle fe contenta de dire, en fouriant : « C'eft la revanche de la Réole ; le Roi de Navarre a voulu faire chou pour chou ; mais le mien eft plus pommé. Elle avoit trouvé le moyen de détacher du parti des Proteftans un des Gentilshommes les plus accrédités, Uffac, qui étant devenu amoureux d'une des filles de la Reine-mère, fe fit Catholique, & livra la Réole, dont il étoit Gouverneur. Si on nous la peint quelquefois triste & abattue, c'étoit une tristesse préparée, un abattement politique, pour se ménager des secours. C'est ainsi que, voyant son pouvoir anéanti par le crédit des Guises sous le règne de François II, elle peint son état, sa captivité, celle du Roi son fils, au Prince de Condé & aux Chefs des Protestans. « Souvenez-vous mon cousin », écrivoit-elle au Prince, « de conserver les enfans, la mère, & le Royaume, comme celui qui a le plus grand intérêt, & qui se peut assurer qu'il ne sera jamais oublié ». La tristesse, les soupirs, les larmes même, sur son sort & celui de la Maison Royale, ne lui coûtoient rien en ces occasions. Mais s'agissoit-il de faire tête aux revers, elle avoit toute la force nécessaire. Le Roi de Navarre, mécontent que l'on portât au Duc de Guise, Grand-Maître de la Maison du Roi, les clefs du Louvre à son préjudice, vouloit quitter la Cour. Elle fit tout ce qu'elle put pour l'en dissuader ; mais voyant qu'il y étoit résolu, & qu'il devoit emmener le Connétable, elle fit défendre à ce dernier de se retirer, à peine de désobéissance, & de répondre, de sa tête, des événemens. Ses prières avoient fait prendre les armes au Prince de Condé ; elle l'obligea de

F ij

désarmer de pleine autorité. C'est à elle qu'il faut attribuer le discours de Charles IX au Parlement, dans lequel ce Prince, presqu'enfant, parla avec plus de hauteur que n'avoient jamais fait ni Louis XI, ni François Ier, dans leurs plus grands mécontentemens; & la conduite que tint le Duc d'Anjou avec le Prince de Condé, qui demandoit l'épée de Connétable. Il y a une fermeté d'ame monstrueuse dans l'exécution du massacre de la Saint-Barthélemi. Les périls où elle avoit été exposée dès l'âge de neuf à dix ans, au siége de Florence, l'avoient formée de bonne heure à ce caractère d'intrépidité, qui la rendoit capable de tout entreprendre. Pour sa religion, elle n'en connoissoit guères d'autre que celle qui s'accommodoit avec ses passions & son intérêt. Le Jésuite Mainbourg, qui ne doit pas être suspect, lorsqu'il parle des Catholiques, convient que la Cour étoit si corrompue, que les Catholiques & les Huguenots n'étoient presque distingués qu'en ce que ceux-ci n'alloient pas à la messe, ni ceux-là au prêche; mais qu'au reste, ils s'accordoient assez, en ce que les uns & les autres, au moins pour la plupart, n'avoient guères de religion, & point du tout de piété & de crainte de Dieu. Les mœurs de la Cour étoient celles de la Reine qui y donnoit le ton. Lorsqu'on lui eut dit que les Protestans avoient eu l'avantage à Dreux, parce qu'on le crut d'abord, elle se contenta de répondre : « Eh bien ! nous prierons Dieu en François ». Jaqueline de Long-Vic, Duchesse de Montpensier, Princesse de beaucoup d'esprit, & fort attachée à la nouvelle religion, étoit en faveur auprès de Catherine, qui déféroit presque en tout à ses conseils & à ses lumières ; & la Duchesse ne négligeoit pas auprès d'elle les intérêts de la religion. Françoise de Clermont, Duchesse d'Usès, n'avoit pas moins de crédit que Madame de Montpensier, & pensoit, en matière de religion, à-peu-près de même que cette Princesse. On a même prétendu que le célèbre Soubise (Jean de Parthenai) fut à la veille d'en faire une de ses Prosélytes ; & Varillas, qui avoit lu une Histoire manuscrite de Soubise, avoue qu'elle se jetta dans le parti Catholique plus par nécessité que par choix. Il est certain qu'elle feignit au moins d'avoir du penchant pour la religion Protestante, lorsqu'elle crut avoir besoin du secours des Huguenots. Elle fut une des premières causes de l'assemblée de Poissi ; & il est prouvé, par ses lettres, que pour empêcher le Pape d'en prendre aucune connoisfance, elle fit arrêter fur les frontières d'Italie, tous les Couriers qui alloient à Rome. Le Pape, qui fe défioit d'elle, trembla, fit grand bruit, & n'obtint rien : cela accélera le Concile de Trente. Le fameux Edit du mois de Janvier 1562, fut fon ouvrage ; & les apparences de zèle qu'elle montra pour la religion Catholique, n'eurent jamais d'autre motif que les avantages qu'elle y trouva : en forte qu'on peut dire qu'elle oppofa une religion à l'autre, ainfi que les Bourbons aux Guifes, ou ceux-ci aux Bourbons.

Brantôme, fon Apologifte, en difant qu'elle étoit bonne Chrétienne, & fort dévotieufe, prétend le prouver, parce qu'elle faifoit fouvent fes Pâques, & affiftoit tous les jours au fervice divin, à fes vêpres & à fes meffes. Mais ces actions extérieures font d'un foible poids pour balancer la conduite qu'elle tint fous les règnes de fes enfans ; & ce qu'ajoute fingulièrement l'Auteur, « qu'elle rendoit fes vêpres & fes meffes fort agréables, autant que dévotes, par les bons Chantres de fa Chapelle, & les plus exquis Muficiens », prouve qu'elle cherchoit autant à s'amufer qu'à s'occuper férieufement du fervice divin. D'ailleurs les pratiques de dévotion ne font pas toujours des preuves de piété. On fait quelles étoient celles de Ferdinand, dit le Catholique ; celles de Louis XI ; celles de Henri III ; & dans le dernier siècle, celles du fameux Cromwel, & perfonne n'ignore ce qu'on doit en penfer. Sa foibleffe pour l'Aftrologie judiciaire, les devins, & fon caractère fuperftitieux, font bien mieux prouvés que fa religion. Jamais on ne vit tant de Nécromans, de Sorciers, & de Magiciens, qu'il y en eût fous fon règne, où la France en fut inondée. On prétend que le fameux Mathématicien Bafile, confulté par Alexandre de Médicis, fur fa naiffance & fon fort, répondit qu'une élévation extraordinaire lui étoit deftinée : d'autres, fur fon thême natal, avoient prédit qu'elle feroit caufe de très-grands malheurs. On trouva, après fa mort, des talifmans & d'autres preuves de fa foibleffe pour la Magie. Brantôme remarque, que quoiqu'elle eût beaucoup de goût pour la repréfentation des Tragédies, elle s'étoit abftenue de ce plaifir depuis les malheurs arrivés après la repréfentation de la Sophonisbe de S. Gelais, repréfentée en 1560, aux nôces de MM. Cipière & d'Elbeuf: elle s'en tint aux Zani & aux Pantalons : ce fut peut-être là une des raifons qui ont retardé les progrès du Théâtre en France. Il ne lui naiffoit point d'enfans qu'elle ne confultât quelque Aftronome fur leur deftinée ; & l'on fait ce qui fe dit de la fameufe confultation, où le Magicien auquel elle s'adreffa lui fit voir, dans une glace, par le nombre de tours que faifoient fes fils, François II, Charles IX & Henri III, le nombre des années de leur règne. Elle y vit même Henri de Guife qui difparut à l'inftant, & Henri IV, qui y fit vingt-deux tours; ce qui accrut, ajoute-t-on, la haine qu'elle avoit contre lui. Favyn a rapporté ce fait dans fon Hiftoire de Navarre. Les images enchantées, les anneaux conftellés devinrent à la mode; & on trouve beaucoup d'anecdotes vraies ou fauffes fur ces matières dans les manufcrits de fon règne. Il ne tient pas à un Auteur fameux par fes emportemens, qu'on ne la croie forcière. « Des gens dignes de foi, dit-il, affurent que cette Reine faifoit quand bon lui fembloit, paroître les fpectres des perfonnes abfentes, avec qui elle vouloit conférer, & l'on affure avoir vu dans fa chambre un fantôme, lequel, par fon ordre, avoit pris la forme de la Reine Elizabeth, qui étoit en Angleterre ». Le diable, ajoute-t-il dans fon enthoufiafme, « le diable qui la trompoit, lui perfuadoit que, par ce moyen, elle pouvoit tirer les fecrets de toutes les Cours;

comme

comme si en prenant la forme extérieure des gens, son démon eût aussi pu prendre leur esprit, & crocheter leurs secrets ». A ce ton, ne diroit-on pas qu'il s'agit d'un fait incontestable, & duquel l'Auteur avoit les preuves les plus claires ? Il ne se contente pas de présenter Catherine sous les traits de la Pithonisse d'Endor, regardant cette qualité comme établie, il en rend raison, & expose les motifs. C'est ainsi qu'on a sacrifié de tous les temps l'Histoire aux passions & à l'esprit de parti. De pareilles chimères se copient ; le nombre des témoignages croît, & il se forme une chaîne d'autorités qui captive souvent la raison sous leur poids.

Pour ce qui est de la Magie, dit le Laboureur sur Castelnau, qui cherche à l'excuser : « il est certain qu'elle y ajoutoit quelquefois, & peut-être plutôt par superstition que par malice ; & si l'on fait réflexion sur les dangers où elle se trouva, on aura pitié de la nécessité qui la contraignit à avoir recours à tous les moyens politiques & surnaturels pour se garantir. (Cette morale est un peu relâchée.) Les Astrologues & les Devins étoient alors en règne... Elle les consulta, & quelqu'un d'eux lui composa, pour porter sur son estomac, pour la sûreté de sa personne, une peau de vélin, semée de plusieurs figures & caractères tirés de toutes les langues, & diversement enluminés, qui composoient des mots moitié grecs, moitié latins, & moitié barbares. M. Vion d'Hérouval a eu ce talisman entre les mains ». Mézerai dit qu'on croit que ce que le Laboureur appelle du vélin, étoit la peau d'un enfant mort-né. L'Auteur d'un petit Livret publié en *1696*, a rapporté un fait dont toutes les circonstances font horreur, & qui, à force d'être énorme, cesse d'être croyable. Il nous représente Catherine de Médicis contrainte d'abandonner au Prince de Condé le maniement des affaires du Royaume, & si affligée, qu'elle se retira dans son cabinet pour s'abandonner entièrement à la solitude pendant quelques jours. « Elle ne voulut point, continue l'anonyme, qu'aucun de sa Cour l'approchât. Enfin elle fit appeler M. de Mesmes, (Jean-Jacques, Seigneur de Roissi, Conseiller d'Etat ordinaire), lui confia une boîte d'acier bien fermée à clefs, & lui dit, que la guerre civile lui donnant de mauvais présages de sa destinée, elle avoit jugé à propos de lui remettre entre les mains, ce sacré dépôt, qui étoit le plus riche trésor qu'elle eût dans le monde, avec ordre de n'ouvrir jamais la boîte, ni de la donner à perſonne, à moins que ce ne fût par ſon commandement, ſigné de ſa propre main. Elle engagea M. de Meſmes à faire ſerment qu'il lui tiendroit parole ſous peine d'encourir ſa haine & ſon indignation. Catherine étant morte ſans retirer la boîte des mains de M. de Meſmes; & celui-ci étant pareillement décédé après Catherine de Médicis, les héritiers de M. de Meſmes la gardèrent long-temps dans leur famille ſans l'ouvrir. Cependant le temps qui fait oublier toutes choſes, rendit les enfans de M. de Meſmes aſſez curieux pour l'ouvrir, dans la penſée d'y trouver un tréſor ineſtimable. La boîte étant ouverte, on trouva avec le dernier étonnement, une choſe qui fait horreur. C'étoit une médaille de cuivre ovale, en forme de bouclier ou de rondache, ſemblable à celles que les anciens Romains conſacroient à leurs dieux. La gravure de cette médaille repréſentoit Catherine de Médicis étant à genoux en forme de ſuppliante, faiſant offrande au démon, qui étoit peint ſur un trône relevé avec les traits les plus affreux, & les plus horribles que l'on puiſſe imaginer. Cette Princeſſe avoit à ſes côtés ſes trois fils, Charles, Henri, & le Duc d'Alençon, avec cette deviſe en François : SOIT ;

POURVEU QUE JE REGNE. L'on voit encore cette même médaille aujourd'hui dans la Maifon des Mefmes, dont eft forti M. le Comte d'Avaux, ci-devant Ambaffadeur en Hollande. Les Curieux, qui voudront être imformés des circonftances de cette Hiftoire fecrette, les pourront apprendre de la propre bouche de ce Miniftre ». Voilà un illuftre garant du fait, & il eût été aifé de le confulter; on eût pu également s'adreffer à M. le Préfident de Mefmes, fon neveu. Il ne paroît pas qu'on ait jamais fait aucune démarche auprès d'eux. S'agiffant d'un fait de la nature de celui-ci, il femble auffi que M. d'Avaux, cité pour témoin, eût dû s'expliquer; & cependant on ne voit rien de fa part. Ce filence peut autorifer l'anecdote : mais le moyen d'y ajouter foi, lorfqu'on fait attention que cette médaille n'avoit point de but raifonnable, ou du moins connu, même parmi les Démonographes, dans les Livres defquels nous ne lifons point que le diable exige cette forte de culte! Comment Catherine, fi célèbre par fa politique, aura-t-elle ofé faire graver fur le bronze un monument fi horrible, & fi durable de fon impiété, fa confécration au diable? Si elle eut pouffé fa fureur jufques-là, pourquoi, au lieu de le confier à M. de Mefmes, ne pas détruire ou enfouir en terre ce monument infernal ? Pourquoi, après les extrémités où elle se trouva en 1562, & le péril passé, laisser ce dépôt entre les mains du dépositaire ? D'où vient cette étrange sécurité jusqu'à sa mort, pendant vingt-six ans ? Ajoutons que l'anonyme, qui prétend avoir déterré ce fait, se méprend certainement, en supposant que Jacques de Mesmes mourut après Catherine de Médicis. Il est certain que la mort du prétendu dépositaire arriva, suivant Blanchard, au mois de Novembre; & suivant d'autres, au mois de Décembre 1569, vingt ans avant celle de la Reine. Cependant que cette médaille n'ait jamais existé, c'est ce que je ne voudrois pas assurer. De quoi ne sont pas capables la haine & l'esprit de parti? Ce ne seroit pas le premier exemple de supposition de pareils monumens. Les Protestans ont prétendu que la monnoie frappée sous le nom & avec la figure de Louis I, Prince de Condé, avec la légende Ludovicus XIII, étoit l'ouvrage de ses ennemis, & on en convient assez généralement aujourd'hui. On peut voir dans les Réponses aux questions d'un Provincial, de Bayle, ce que ce grand Critique pensoit de la médaille de Catherine de Médicis. Comme rien n'est moins conséquent que l'esprit humain, cette femme superstitieuse, qui craignoit les opérations chimériques d'un cerveau échauffé, & les calculs hypotétiques d'un Astrologue, effrontoit les périls, même ceux de la guerre, avec toute l'intrépidité d'un guerrier accoutumé aux hasards. Pendant le siége de Rouen, en 1562, elle alloit tous les jours au fort de Sainte-Catherine: « les canonades & les arquebusades, dit Brantôme, pleuvoient autour d'elle, qu'elle s'en soucioit autant que rien ». Le Connétable & le Duc de Guise lui remontrant qu'elle s'exposoit trop, elle n'en fit que rire, & leur demanda pourquoi elle s'épargneroit plus qu'eux ? « Est-ce que j'ai moins d'intérêt, ajouta-t-elle, ou de courage que vous ? Il est vrai que j'ai moins de force, mais je n'ai pas moins de cœur ». Son courage lui faisoit rechercher les Officiers qui se distinguoient par leur valeur, & elle aimoit à se faire instruire de leurs actions & des occasions où ils avoient paru; les présentant ensuite elle-même au Roi, elle les lui recommandoit en lui rappellant ce qu'ils avoient fait, ou pour sa personne même, ou pour celle de ses prédécesseurs. S'ils avoient des démêlés ensemble, elle cherchoit à les reconcilier avec tout le ménagement que leur délicatesse sur le point d'honneur pouvoit exiger. Elle prit ce foin pour la Chataigneraye & Pardaillan, & pour les braves Crillon & d'Entragues, au rapport de Brantôme.

Henri IV étoit, fans difficulté, l'homme pour lequel elle eut toute fa vie l'averfion la plus conftante & la plus forte ; & cependant il n'y a point d'attentat certain de fa part fur la vie de Henri, fi ce n'eft à la Saint Barthélemi. Il feroit à fouhaiter qu'on pût auffi aifément la difculper fur ce maffacre. Si ce forfait, qui en enveloppe tant d'autres, n'eft pas celui de Catherine de Médicis feule ; fi les Guifes, fi l'Efpagne, fi Rome même en eft complice, il n'en eft pas moins certain qu'elle l'eût pu détourner ; que, fans fes funeftes confeils, le Roi fon fils, ne s'y feroit jamais réfolu ; qu'elle fut enfin le premier mobile des malheurs & de la honte du nom François, par cette effroyable boucherie. Brantôme, qui effaie de faire fon apologie, y réuffit fort mal, & ne dit rien de raifonnable, & qui ferve à fa caufe. Il eft auffi vrai qu'elle fut le mobile de la Saint Barthélemi, qu'il l'eft qu'elle ne penfa qu'à régner fous fes enfans, & qu'elle les regarda comme fes ennemis, dès qu'ils voulurent régner fans elle. Les éloges de fes partifans, en vers & en profe, ne la juftifieront jamais aux yeux de la poſtérité équitable & déſintéreſſée. Elle ſéparera toujours ſes bonnes qualités d'avec ſes défauts, qui l'empêchèrent d'être une de nos plus grandes Reines. Preſque toute l'Europe Chrétienne étoit alors gouvernée par des femmes ; & tandis que Médicis régnoit en France, l'Angleterre étoit ſoumiſe à Eliſabeth ; l'Ecoſſe, à Marie ; le Portugal, à Catherine d'Autriche, veuve de Jean III, ayeule de Sébaſtien ; une partie de l'Italie & les Pays-Bas, à Marguerite, fille naturelle de Charles-Quint, Ducheſſe de Parme. Qu'on compare toutes ces Princeſſes à Catherine de Médicis, & l'on ne trouvera dans aucune d'elles, ſinon dans la célèbre Eliſabeth, autant de force & de génie, & de talents extraordinaires réunis.

FIN.